Made in the USA
Monee, IL
19 December 2021

86424086R00069